BEI GRIN MACHT SICH IHR
WISSEN BEZAHLT

- Wir veröffentlichen Ihre Hausarbeit,
  Bachelor- und Masterarbeit

- Ihr eigenes eBook und Buch -
  weltweit in allen wichtigen Shops

- Verdienen Sie an jedem Verkauf

Jetzt bei www.GRIN.com hochladen
und kostenlos publizieren

Moissej Sverdlin

Prozessmanagement im Krankenhaus - Potenziale für Agentensysteme

GRIN Verlag

Bibliografische Information der Deutschen Nationalbibliothek:

Die Deutsche Bibliothek verzeichnet diese Publikation in der Deutschen National-
bibliografie; detaillierte bibliografische Daten sind im Internet über http://dnb.d-
nb.de/ abrufbar.

Dieses Werk sowie alle darin enthaltenen einzelnen Beiträge und Abbildungen
sind urheberrechtlich geschützt. Jede Verwertung, die nicht ausdrücklich vom
Urheberrechtsschutz zugelassen ist, bedarf der vorherigen Zustimmung des Verla-
ges. Das gilt insbesondere für Vervielfältigungen, Bearbeitungen, Übersetzungen,
Mikroverfilmungen, Auswertungen durch Datenbanken und für die Einspeicherung
und Verarbeitung in elektronische Systeme. Alle Rechte, auch die des auszugsweisen
Nachdrucks, der fotomechanischen Wiedergabe (einschließlich Mikrokopie) sowie
der Auswertung durch Datenbanken oder ähnliche Einrichtungen, vorbehalten.

Impressum:

Copyright © 2006 GRIN Verlag GmbH
Druck und Bindung: Books on Demand GmbH, Norderstedt Germany
ISBN: 978-3-656-82613-2

Dieses Buch bei GRIN:

http://www.grin.com/de/e-book/63736/prozessmanagement-im-krankenhaus-
potenziale-fuer-agentensysteme

Technische Universität München
Fakultät für Informatik
Lehrstuhl für Wirtschaftsinformatik (I 17)

Seminararbeit

Hauptseminar im Sommersemester 2006

Telematik im Gesundheitswesen

Thema: Prozessmanagement im Krankenhaus –

Potentiale für Agentensysteme

Moissej Sverdlin

Wirtschaftsinformatik im 4. Semester

Eingereicht im Juni 2006

1.   Einführung zu Prozessmanagement im Krankenhaus

Krankenhausmanagement ist ein breites Feld, in dem man verschiedene verantwortungsvolle Aufgaben übernehmen muss, die ein gesamtes Krankenhaus betreffen können. Es reicht von der Finanzierung des Krankenhausbetriebes über öffentliche Mittel, Einnahmen aus dem Krankenhausbetrieb oder Drittmitteln; seien es Spenden oder Mittel, welche zweckgebunden für die Forschung gestiftet werden; über die langfristige Planung des Krankenhaus etwa mit Behörden zum operativem Geschäft des Krankenhaus, dem Prozessmanagement.

Das Prozessmanagement ist dazu da um Geschäftsprozesse, die in einem Unternehmen ablaufen, wirtschaftlich, zeitlich oder operativ zu optimieren sowie die Supervision der vom Management vorgegeben Vorgaben.
Im Krankenhaus ist das Prozessmanagement noch eine Stufe mehr, denn anders als in einem normalen Geschäftsprozess können Menschenleben gefährdet werden, wenn Prozesse fehlerhaft oder suboptimal durchgeführt werden. Als Beispiel wäre da die Hygiene im Krankenhaus zu nennen, die oberste Priorität hat, da das Infektionsrisiko gerade bei stationär behandelten Patienten äußerst hoch ist. (Krizmaric et al, 2005).
Demnach muß sichergestellt werden, dass rigide Hygienestandards kontinuierlich 24/7 eingehalten werden von allen Mitarbeitern. Ein anderes Beispiel wäre die Notaufnahme eines Krankenhauses zu nehmen, wobei viele „Kunden" darauf warten „bedient" zu werden, jedoch hat nicht jeder Patient die gleich hohe Dringlichkeit behandelt zu werden, weswegen die Patienten priorisiert auf Wartelisten verteilt werden um die Kapazitäten, die begrenzt sind, nicht zu überlasten.
Im Verlauf dieser Arbeit wird auf die Realität in einem Kommunalen Krankenhaus der maximalen Versorgungsstufe, dem Krankenhaus Schwabing in München, eingegangen. Von der Realität, die in einer Studie abgebildet wurde, werden dann Potentiale für die Zukunft erschlossen, wie man und mit welchen Mitteln Prozesse besser ablaufen lassen kann.

2.   Erklärung über die Fragestellung dieser Arbeit

Diese Seminararbeit widmet sich folgender Fragestellung:

Wie ist die Realität in einem Krankenhaus im Bereich des Prozessmanagements und in wieweit kann man diese zum Positiven mit Hilfe von Multi Agentensystemen verändern?

3. Klassifikationen
Nachfolgend werden die drei Hauptbegriffe dieser Seminararbeit definiert und besprochen.
3.1   Was ist Prozessmanagement?
Die Online Enzyklopädie Wikipedia sagt:

„...Prozessmanagement beschäftigt sich mit Steuern, Herausfinden, Gestalten, Dokumentieren, und Verbessern von Geschäftsprozessen. „Wer macht was wann und

womit?" ist eine zentrale Fragestellung. Zur Verbesserung und Steuerung werden entsprechende Kennzahlen verwendet."
(http://de.wikipedia.org/wiki/Prozessmanagement)

Dies bedeutet, dass man das Prozessmanagement als eine Planungs- und Steuerungsaufgabe verstehen kann. Um diese Aufgabe zu bewältigen muß man interdisziplinär denken können. Auch fachfremde Bereiche so zu optimieren, dass sie lokal keinen Schaden durch eine Änderung erhalten würden, es aber auf unternehmensglobaler Ebene diese Änderung Vorteile bringt.

3.2   Was ist ein Krankenhaus?

Das Wissen.de Onlinelexikon versteht unter Krankenhaus:

„medizinische Einrichtung zur Erkennung und Behandlung von Krankheiten und zur Geburtshilfe"

Das bedeutet, dass ein Krankenhaus eine Dienstleistung für die Gemeinschaft erbringt, in welches es angesiedelt ist und dort in einem bestimmten Umkreis die Patientenversorgung auf einem bestimmten normierten Niveau übernimmt. Dabei gibt es vier Abstufungen:

> Grundversorgung   -   nur Innere Medizin & Chirurgie
> Regelversorgung   -   wie oben, zusätzlich u.A. Gynäkologie
> Schwerpunktversorgung   -   wie oben, zusätzlich u.A. Pädiatrie
> Maximalversorgung   -   wie oben, zusätzlich z.B. MRT / CT

(www.wikipedia.de)

3.3   Was sind Agentensysteme?

Laut Debenham (Debenham, 2001) sind Agentensysteme:

"An intelligent multi-agent system is a society of autonomous cooperating components each of which maintains an ongoing interaction with its environment. "

Demnach sind Multi Agentensysteme Gruppierungen von Untergruppierungen, die miteinander in Kontakt stehen.
Debenham (Debenham, 2001) geht auch noch weiter mit:

"Intelligent agents should be autonomous, cooperative and adaptive."

Dies bedeutet, dass die einzelnen Agenten eigenständig ohne äußere Einwirkung funktionieren sollen, aber trotzdem je nach Aufgabenstellung mit anderen Elementen zum Zwecke der effizienteren Arbeitserfüllung in Kontakt treten sollen. Als dritte Eigenschaft gibt es noch die Anpassbarkeit auf die Umgebung oder auch auf eine neue Aufgabenstellung.

4. Überblick über die verschiedenen momentan von Forschern oder firmenerprobten Agentensystemen

Es gibt momentan in Deutschland verschiedene Agentensysteme für eine medizinische Umgebung, die von Firmen oder Hochschulen entwickelt werden. Diese beschäftigen sich meistens mit verschiedenen Frage- und Problemstellungen im Krankenhaus.

In Berlin werden die Agil2 Agenten entwickelt. Diese Agenten sollen die Prozesse optimieren, welche bei der Aufnahme von Patienten im Krankenhaus entstehen. Dies wäre vornehmlich die ordnungsgemäße Dokumentation der Diagnose vom Arzt, der Anamnese sowie der durchzuführenden Behandlung wie auch als zweiter Prozess den Transfer eines Patienten von der Notaufnahme auf eine weiterbehandelnde Station.

In Zusammenarbeit der Universitäten Hohenheim und Potsdam wird das ASAInlog Projekt geführt. Deren Mittelpunkt ist die elektronische Patientenakte. Dabei wird die komplette Palette der Möglichkeiten der Eintragungen in eine normale papiergebundene Akte (z.B. Diagnose, Anamnese etc.) elektronisch auf Agentenbasis durchgeführt.

Die Universitäten Hamburg und Mannheim haben gemeinsam das MedPAge Projekt initiiert. Dessen Schwerpunkt sind medical paths (dt. medizinische Pfade) und daraus folgend die Organisation und Abstimmung der Agenten auf den Pfaden. Durch die Anwendung von Multi-Agentensystemen soll die Planung der Prozesse auf den Pfaden wirkungsvoller gestaltet werden. Mit Hilfe von Studien aus der Praxis wird die Qualität der Software kontinuierlich überprüft.(Kirn et al, 2003)

Von der Universität Freiburg wird das EMIKA Projekt entwickelt. Deren Zielsetzung ist es über Agenten Botschaften zwischen Mitarbeitern des Krankenhauses auszutauschen. Sobald Agenten eine Nachricht erhalten, werden diese auf das jeweilige mobile Endgerät des Nutzers gepusht. Als zusätzliche Aufgabe des Projektes ist über RFID Empfangsgeräte, die auf von der Zielgruppe getragenen Mobilfunkgeräten aufgebracht sind, eine Ortsbestimmung innerhalb des Zielgebiets (in diesem Fall dem Krankenhaus) durchzuführen.

Die TU Ilmenau, wie die Universität Würzburg, haben gemeinsam die ADAPT Agenten entwickelt, welche ein Organisierungsunterstützendes System ist. Es hilft bei der Planung von Operationen oder anderen Behandlungen, indem es die Aufgaben der Zeit & Ortfindung verteilt, welche bei der Organisierung einer Operation notwendig sind. Weitergehend bietet das System für klinische Studien die Möglichkeit, bei der Planung und Exekution unterstützend mitzuwirken.

RWTH Aachen und Universität Trier entwickeln Policy Agents, die bei Verhandlungssituationen, welche bei der OP Planung auftreten, die Interessen des jeweiligen Inhabers des Agenten vertreten. Die Menschen, die vertreten werden, sind Patienten oder medizinische Fachkräfte, die bei den jeweiligen Operationen

unterschiedliche Prioritäten haben, wie z.B. die Dringlichkeit der Behandlung von einem Patienten oder den Urlaub eines Chirurgen. (Kirn et al, 2003)
)

5   Studie: Krankenhaus Schwabing

Für diese Seminararbeit wurde eine Studie in Zusammenarbeit mit Chefarzt Prof. Höcherl des Krankenhaus Schwabing in München durchgeführt. Das Ziel dieser Studie war ein Abbild des Ist-Zustands im Prozessmanagement innerhalb eines größeren Städtischen Krankenhauses zu erhalten. Im Verlauf dieser Studie wurden Interviews mit Dr. Gass, einem Stationsarzt in der Unfallchirurgie, sowie mit Dr. Hähnel, dem Leiter der Abteilung Anwendungssysteme, durchgeführt.

5.1   Systematisierung des Hospitals und seiner Funktionen

Das Krankenhaus Schwabing ist ein so genanntes „Kommunales Krankenhaus der maximalen Versorgungsleistung". Als solches ist es hauptsächlich für lokale und regionale Krankheitsfälle ausgerichtet. Es dient der Aufnahme des ganzen Spektrums der Patienten aus Stadt und Landkreis München. Als Krankenhaus der maximalen Versorgungsleistung ist es jedoch gegenüber anderen lokalen Krankenhäusern auch auf Schwerstverletzte vorbereitet mit der modernsten Diagnostik und mit einem einzigartigem Konzept, dem „Schockraum"(weitere Informationen zu diesem Konzept folgen in Kapitel 5.3.1 a).

5.2   Ist-Zustand von den Abläufen im Prozessmanagement

Der aktuelle Zustand im Prozessmanagement ist im Jahr 2006 im Umbruch. Es gibt zwar bereits seit dem Jahr 2000 die Nutzung von SAP i.s.h. med, jedoch wird dies momentan parallel zur Papierform genutzt. Teilprozesse werden noch schriftlich auf Papier niedergeschrieben, wie z.B. die laufenden Werte von Blutdruck & Temperatur eines stationär aufgenommenen Patienten, jedoch sind auch viele Prozesse PC gebunden. Als Beispiel dafür wäre der Arztbrief, der am Rechner geschrieben wird, danach jedoch ausgedruckt, unterschrieben und der Papierakte beigelegt wird. Die nächste große Änderung dieser Prozesse wird im nächsten Jahr zu erwarten sein sobald die digitale Heilberufskarte, auch als „Arztausweis" bekannt, vom Gesetzgeber realisiert sein wird. Danach wird es möglich sein, die Dokumente, welche man über das jeweilige Informationssystem erstellt, auch auf dem Computer zu speichern ohne sie ausdrucken zu müssen. Diese müssten dann nur noch digital mit dem Arztausweis signiert werden. Es gibt aber bereits jetzt schon das Bestreben die Meisten Dokumente & Berichte digital aufzunehmen, was im nächsten Punkt detaillierter beschrieben wird.

5.3   Spezialisierung auf Chirurgie

Der Hauptgesichtspunkt der Studie ist die Chirurgie als Allgemeines mit den Unterpunkten chirurgische Notaufnahme, Operationssaal sowie chirurgische Station. Der Ist-Zustand ist demnach auf diese Teile des Krankenhausbetriebs spezialisiert und es kann nur zum Teil eine Aussage darüber auf den Betrieb der anderen Bereiche des Krankenhauses getroffen werden.

5.3.1 Aufnahme in der Notaufnahme

Ein Patient, welcher in die Notaufnahme des Krankenhauses eingeliefert werden soll, kann auf drei verschiedene Arten eingeliefert werden:
 a) Einlieferung per Helikopter mit Notarzt
 b) Einlieferung per Rettungswagen mit Notarzt
 c) Einlieferung per Rettungswagen ohne Notarzt
 d) Selbsteinweisung durch persönliche Anreise

Je nach Fall werden verschiedene Prozesse gestartet und auch verschiedene Mittel genutzt.

Bei Fall a) liegt normalerweise ein Schwerstverletzter vor, der innerhalb von kürzester Zeit behandelt werden muss. Deswegen wird er auch in einem Helikopter eingeliefert um so wertvolle Minuten sparen zu können. Ein solcher Patient wurde entweder am Unfallort (z.B.: bei einem Autounfall) oder zu Hause (z.B. bei einem Herzinfarkt) vom Notarzt als ein Schwerstverletzter eingestuft und durch diese Kategorisierung wurden verschiedene Prozesse gestartet. Direkt nach der Einstufung hat der Notarzt den Diensthabenden im sogenannten „Schockraum" über den Patienten, seine Biowerte wie auch die vorläufige Diagnose informiert und die Verfügbarkeit des Schockraums angefragt. Der Diensthabende konnte dann während des Telefonats über das SAP i.s.h. med direkt nachschauen, ob der Schockraum verfügbar ist und nach der Bestätigung dessen ist der Notarzt mitsamt dem Patienten im Helikopter zum Krankenhaus geflogen. Im Schockraum selber wird dann zehn Minuten vor Ankunft des Patienten ein spezieller Knopf gedrückt, wonach automatisiert alle diensthabenden Chirurgen, Anästhesisten sowie Krankenschwestern per Pager mit der Meldung „Schockraum 1" oder „Schockraum 2" alle nichtkritischen Prozesse unterbrechen und sich zum Schockraum begeben um den Patienten zu empfangen. Die Unterteilung in Schockraum 1 oder 2 wird gemacht, da im Schockraum 1 sich ein Computertomograph (CT) befindet, mit welchem sich in kürzester Zeit eine sehr genaue Diagnose machen lässt, was bei Schwerstverletzten die Diagnosezeit von durchschnittlich 1:45 Stunden auf 15 Minuten absenken lässt. Der Schockraum 2 dagegen ist auch auf Schwerstverletzte ausgerüstet hat, jedoch keinen CT und wird demnach entweder für klar diagnostizierbare Schwerstverletzte oder Schwerstverletzte, welche sich nicht im Vital bedrohtem Zustand befinden benutzt. Sobald der Helikopter eintrifft, übergibt dann der Notarzt an den leitenden Chirurg im Schockraum das Notarztprotokoll, ein papierbasiertes Formular, auf dem die persönlichen Informationen des Patienten, seine Beschwerden wie auch die bereits erteilte Medikation und die vorläufige Diagnose steht.

Im Fall b) wird entweder ein Schwerstverletzter eingeliefert, der einen kurzen Fahrtweg zum Krankenhaus hat oder auch Mittel- bis Schwerverletzte, wobei ebenfalls ein Notarzt vor Ort war. Im Falle des Schwerstverletzten hat der Notarzt ebenfalls die Möglichkeit den Schockraum zu benachrichtigen, wobei die gleichen Prozesse gestartet werden wie im Fall a) oder, wenn dies nicht erforderlich erscheint, den Patienten in die chirurgische Notaufnahme mit der Ambulanz einliefern. Dabei wird das Notarztprotokoll wieder auf einer Arzt – Arzt Ebene weitergegeben um so die sofortige Weiterbehandlung zu sichern.

Der Fall c) tritt auf, wenn der Notruf, welche die Leitstelle der Feuerwehr erreicht hat, keine Notwendigkeit auf die Anwesenheit eines Notarztes vor Ort erscheinen lässt. Dabei wird eine Ambulanz mit Rettungssanitätern geschickt und diese bringen den in diesem Fall Leichtverletzten (z.B. Beinbruch) in die chirurgische Notaufnahme. Von den Rettungssanitätern wird ein Rettungsprotokoll erstellt und an eine Pflegekraft in der Notaufnahme weitergegeben. Je nach Größe der Verletzung wird dann dieser Patient auf eine Warteliste gesetzt, nach der dann die Verletzten von den Ärzten behandelt werden.

In der Situation d) fährt ein Verletzter selbständig ins Krankenhaus oder wird von Freunden / Bekannten bzw. Taxi gefahren. Er wird dann zentral von speziell geschulten Pflegern oder nachts vom Pförtner im IS eingetragen und seine Daten wie Beschwerden werden aufgenommen. Daraufhin wird er dann in die bestehende Warteliste der Notaufnahme eingereiht und seine Nothilfe Karte, das Formular in dem die Beschwerden; die Lokalisation der Beschwerden sowie eine erste Diagnose eingetragen sind, im System für die weitere Behandlung bereitgestellt.

5.3.2   Organisation der Operation

Wenn ein Patient aus den Fällen a) bis d) eingeliefert und von einem Arzt untersucht wurde, wird, falls Bedarf besteht, ein sofortiger chirurgischer Eingriff im Operationssaal angeordnet. Je nach Dringlichkeit des Falls kann im absoluten Notfall ein Patient direkt von der Notaufnahme in einen freien OP gebracht werden und ggf. andere Operationen, die in dem Saal stattfinden sollten, werden verschoben. Sollte es kein solcher Krisenfall sein, wird dann der OP Koordinator, ein Oberarzt, der alle Operationen an Hand der Kapazitäten und der Dringlichkeiten organisiert, vom behandelnden Arzt angerufen und über diesen Patienten informiert. Daraufhin wird der Patient auf die so genannte „OP Tafel" eingetragen sowie die für die Operation erforderlichen Kräfte informiert. Diese „OP Tafel" gibt es in einer digitalen Variante über ein Modul von SAP auf dem alle geplanten Operationen (jeden Tag wird bei einer OP Konferenz die Planung für den nächsten Tag festgesetzt und im IS festgehalten) sowie in einer analogen Variante als eine Tafel, auf der auch die „Last Minute" Operationen, die als Notfall reinkommen und direkt operiert werden müssen, dann eingetragen werden. Die analoge Variante ist normalerweise ein Tick aktueller als die digitale, weil die Ärzte nicht immer Zeit haben, die Notfalloperation noch im System einzutragen.

5.3.3.   Notoperation im Operationssaal

Sobald ein Operationssaal reserviert, das behandelnde Team informiert und der Patient zum OP gebracht wurde, beginnt die Operation. Hierbei wird dann vom Anästhesisten ein so genannter Prä-Medikationsbericht handschriftlich erstellt, in dem die Blutdruckwerte wie auch die verabreichten Narkosemittel eingetragen werden. Dieser Bericht wird der Akte später beigelegt. Der Chirurg erstellt während der

Operation einen sehr kurzen OP Bericht an einem im Saal stehenden PC sowie im Anschluss an die Operation einen ausführlichen OP Bericht aus dem Gedächtnis heraus. Die Pflegeleitung der Operation erstellt ebenfalls nachträglich mit SAP ein so genanntes OP Protokoll in dem u.a. das benutzte chirurgische Besteck drin vorkommt.

6. Krankenhaus Schwabing – Sollzustand der Prozesse

Von der IT Seite des Krankenhauses ist es gewünscht, die in der Pilotphase entwickelten Erfahrungen in die Praxis umzusetzen.
Dabei sollen die folgenden Teilprojekte in einem größeren Umfang umgesetzt werden:
1. Ausstattung aller Stationen mit Tablet PCs oder fahrbaren Laptoptischen
2. Ausweitung der Nutzung von Medical Pathways um Prozesse effizienter durchzuführen
3. Ausrüstung von Notärzten bzw. Rettungssanitätern mit Tablet PCs mit UMTS Modulen
4. Vernetzung des Krankenhauses mit Wlan zur Nutzung von RFID Chips & Laptops

6.1 Ausstattung aller Stationen mit Tablet PCs oder fahrbaren Laptoptischen

Die momentan auf der Station 17 testweise aufgestellten Tablet PCs und Laptops, die auf fahrbaren Tischen montiert wurden, haben sich dort als erfolgreich erwiesen und man sollte diese Hardware auf jeder Station im Krankenhaus zu Verfügung stehen. In dem Versuch wurde die auch auf den Desktoprechnern installierte Anwendung SAP i.s.h. med genutzt und so in Verbindung mit der Oracle Datenbank gebracht.
Als großer Vorteil hat sich dabei erwiesen, dass man direkt bei der Behandlung z.B. bei der Visite des Arztes beim Patienten alle vorigen Daten zur Verfügung hat. Mit den Röntgenbildnern, den Laborwerten und Altdiagnosen konnte man dann direkt und effizient neue Diagnosen aufstellen oder auch neue Medikamente verschreiben, ohne eine „Papierkette" mit unnötigen Arbeitsschritten, wie z.B. das Übertragen einer Papiergebundenen Akte ins System, zu verursachen. Sollten jetzt nun alle Stationen die neue Hardware nutzen können, so könnten beispielsweise die Ärzte in der Notaufnahme direkt auf einem Tablet PC die Diagnose eintragen und benötigte weitere Behandlungsschritte per Knopfdruck einleiten.

6.2 Ausweitung der Nutzung von Medical Pathways um Prozesse effizienter durchzuführen

Medical Pathways dienen dazu sich oft wiederholende Prozesse straff zu organisieren und unnötige Arbeitsschritte zu sparen wie auch u.U. lebenswichtige Zeit nicht zu verschwenden. Ein so genannter Medical Pathway ist eine Kette von Prozessen, die nacheinander abgelaufen wird. Sobald ein Element dieser Kette abgeschlossen ist, wird das darauffolgende Element darüber informiert wie auch gestartet. Um einen solche Medical Pathway zu kreieren muß man zuerst eine bestimmte Prozesskette modellieren, sei es nun in diesem Beispiel „Operieren": Aufnahme - Röntgen -

Operation. Diese Kette wird von Aufnahme des Patienten an gestartet und endet mit Operation. Der Sinn solcher Pathways ist der, dass ein Mitarbeiter oder im Idealfall das IS selbst sich aus dem Pool der Pathways den Weg aussuchen soll, der am ehesten auf die Krankheit des Patienten passt. So kann bei einem Mittelfußbruch der Pathway „Fußbruch" gestartet werden. Dabei wird dann beispielsweise die Prozesskette „Übergabe Röntgen – Analyse der Bilder – Gips erstellen & anbringen – Untersuchung – Patient entlassen". Sobald ein Schritt als erledigt eingetragen wird wird dann der nächste in der Kette aufgerufen bis das Ende erreicht wurde.

6.3 Ausrüstung von Notärzten bzw. Rettungssanitätern mit Tablet PCs mit UMTS Modulen

Gegenwärtig sind die Notärzte und Rettungssanitäter bei Ihren Einsätzen nur per Funk bzw. Handy zu erreichen und können Ihre Behandungsergebnisse auch nur auf bestimmten vorgefertigten Formularen sicherstellen. Dadurch werden u.U. lebenswichtige Informationen nur mit einer größeren Zeitverzögerung an den behandelnden Arzt weitergeleitet, wie z.B. die medizinische Vorgeschichte oder die Reaktion über ein Medikament, welches der Notarzt dem Patienten verabreicht hat.
Eine mögliche Lösung dieses Problems wäre, dass man die Rettungskräfte mit dem bestehenden Informationssystem des Krankenhauses verbindet. Dies kann man bewerkstelligen, indem Tablet PCs oder ggf. Handheld PCs mit einer mobilen Version des im Krankenhaus vorherrschenden Systems, im Falle vom Krankenhaus München Schwabing wäre es das SAP i.s.h.med System, an die Helfer verteilt werden. Dann sollten Sie anstatt des papiergebundenen Protokolls die digitale Variante auf den mobilen Endgeräten nutzen. Damit wäre zuerst einmal sichergestellt, dass der Schritt des Übertragens von Papier auf den Computer eingespart wird. Jedoch würde das Personal im Krankenhaus auf diese Art und Weise auch nur beim Eintreffen des Krankenwagens bzw. des Helikopters die benötigten Informationen zur Vorbereitung auf die Behandlung haben. Demnach wäre es sinnvoll, die mobilen Rechner über eine Kommunikationsverbindung mit dem Krankenhaus in Verbindung zu setzen, damit die digital vorliegenden Informationen über die internen Schnittstellen von SAP an die zuständigen Mitarbeiter weitergeleitet werden können. Wegen der u.U. nicht geringen Datenmenge, die übertragen werden muss, wie z.B. Vitalwerte, medizinische Vorgeschichte, Diagnose oder verabreichte Medikation, wäre es logisch einen Standard zu nutzen, der die Daten sicher und auch in adäquater Geschwindigkeit weiterleitet, aber auch genug in städtischen Gebieten verbreitet ist. Dafür würde sich der UMTS Mobilfunkstandard empfehlen (http://www.protocols.com/pbook/umts.htm). Sobald dann die Informationen von der Rettungskraft eingetragen sind und zum Krankenhaus per UMTS übertragen werden, können Sie dann per SAP i.s.h. med an die interessierten Empfänger innerhalb des Krankenhauses weitergereicht werden.

6.4 Vernetzung des Krankenhauses mit Wlan zur Nutzung von RFID Chips & Laptops

Sollten nun auf allen Stationen Laptops sein, dann müsste man auch alle Stationen mit einem Funknetzwerk ausstatten, damit die Computer auch während des mobilen

Gebrauchs mit dem Rest des Intranets des Krankenhauses verbunden sind. Dies ist dann sinnvoll, wenn man beispielsweise bei der Visite eines Patienten die Ergebnisse der Laborwerte braucht oder auch ggf. MRT Bilder empfangen will. Darüber hinaus kann man durch diese Vernetzung auch von jedem Punkt des Krankenhauses über medical pathways [siehe Kapitel 7.] weitergehende Prozesse starten oder auch verändern.

Sollten nun die Patienten wie auch das Personal Radio Frequency Identification Etiketten oder Ausweise mit sich führen, dann könnte man die Effizienz selektiver Prozesse noch weiter erhöhen. So wäre es möglich Ärzte über ein Geo Informationssystem direkt zum Patienten zu leiten, egal wo er sich im Krankenhaus befindet oder auch ältere oder verwirrte Patienten, die sich im Krankenhaus verloren haben, zu finden, auch wenn die Patienten sich nicht auf sich selber aufmerksam machen könnten.

7.   Einführung in Medical Pathways Systemen im KMS (Krankenhaus München Schwabing) sowie Potentiale für die Zukunft

7.1 Einführung
Medical Pathway Systeme sind dafür da, um sich häufig wiederholende Prozesse optimiert ablaufen zu lassen (Brauchbach et al, 2004).
Solche Behandlungspfade, [im Krankenhaus Schwabing genutzter Ausdruck dafür] werden durch folgende Schritte generiert und genutzt:

7.1.1 Modellierung
Um einen solchen Pfad zu generieren braucht man ein interdisziplinäres Team, welches aus Ärzten, Informatikern & Pflegefachkräften besteht. Dabei muss man die verschiedensten Situationen definieren, die vorfallen können und behandelt werden müssen. Sobald man nun ein Krankheitsbild, z.B. Bruch eines Knochens, hat, so kann man darausgehend eine Kette von Prozessen modellieren, die durchlaufen werden muss, um einen Patienten zu versorgen. Diese Prozesse können auch Parallelisierungen enthalten, wenn an einem Punkt mehrere Aktionen gestartet werden müssen. Als Beispiel kann man da die Aufnahme eines Patienten auf die Station sehen. Nach diesem Punkt können solche Prozesse folgen: Zimmerreservierung, Essensbestellung, Eintragen im Stationsplan für Visite & Pflege. Jeder dieser neuen Prozesse hat nun eigenständige weitere Verläufe, die aber alle aus einem Ursprung kommen. (Lanzola et al, 1999)

7.1.2 Realisierung
Nach der Modellierung der Pfade müssen diese in einem Medical Pathway Programm wie z.B. mit dem SAP i.s.h.med Modul „Pathways" implementiert werden.
Im Beispiel von Pathways von SAP wird ein graphischer Editor bereitgestellt, welcher es erlaubt den Behandlungspfad als Ganzes zu definieren. Von dieser Definition ausgehend kann man die Details jedes der Teilprozesse dieses Pfades nach mehreren Kriterien weiter erläutern, wie z.B. Beschreibung des Vorgangs, Verantwortlicher etc. (Kirn et al, 2003) Danach werden Verknüpfungen mit anderen Modulen von i.s.h.med erstellt, damit Informationen direkt an weitere Adressaten, z.B. OP Teams, weitergeleitet werden. In jedem Prozess werden die einzelnen Behandlungsschritte,

die Behandlungsorte und die zuständigen Ansprechpartner aufgelistet, die über den jeweiligen Prozess informiert werden.

7.1.3 Nutzung

Im Alltagsgeschehen ist es dann so, dass ein Arzt auf die Diagnose, die er erstellt, einen bestimmten Behandlungspfad auswählt. Von den verschiedenen Vorschläge, die ihm für das Weitergehen präsentiert werden, wählt er das passende ab und folgt damit dem Behandlungsweg. Nach jedem abgeschlossenen Behandlungsschritt können dann davon hinausgehend in Realzeit hinterlegte Prozeduren gestartet werden. Sobald der Arzt einen Prozess nun abschliesst und ihn im Modul einträgt, werden die Ergebnisse auch für andere Ärzte im Krankenhaus verfügbar gemacht.

7.2 Potentiale

Sobald die Systeme im ganzen Krankenhaus verteilt sind und alle Mitarbeiter darauf geschult sind, wird es möglich sein das volle Potential auszunutzen. Denn wenn jeder Arzt und jede Station damit ausgerüstet ist, wird jeder Arzt aus dem vollen Spektrum der Funktionen eines solchen Informationssystems schöpfen können. (Aknine et al 1999)

Folgendes Szenario wäre vorstellbar:

Es wird möglich sein per Knopfdruck auf dem PC die Anordnung von einer Computertomographie zu veranlassen. Dabei wird dann der behandelnde Arzt im pathways System den entsprechenden Behandlungspfad des Patienten [für dieses Szenario wäre es ein Verdacht auf einen Gehirntumor] selektieren. Sodann wird dann der zuständige Pfleger informiert, dass er den Patienten zur radiologischen Station bringen muss. Parallel wird in der Radiologie die Anfrage auf einen CT Scan angezeigt und ein Zeitslot in einem der verfügbaren Maschinen reserviert. Weitergehend wird in der Finanzabteilung der Posten CT in der Rechnung des Patienten summiert und mit dem Budget, welches die Krankenkasse des Patienten für den Krankenhausaufenthalt anbietet, verglichen. Wenn der Scan erfolgt ist, wird er dann direkt digital in der elektronischen Patientenakte abgespeichert, ein Facharzt für Radiologie bekommt diese dann über das System zugesandt und erstellt direkt am Rechner eine Analyse mit Diagnose eines möglichen Befundes. Dieses Schriftstück kann entweder über die Tastatur eingegeben werden oder auch über eine eingebaute Stimmerkennung in das System diktiert werden, woraufhin es dann als Text wiedergegeben wird. (http://www.ishmed.de/de/html/modul-pathways.html) Der Arzt, welcher die Untersuchung angeordnet hat, kann fortlaufend in der Akte die Entwicklung beobachten, sich eine zweite Meinung zu der Diagnostik bilden, sowie bei Bedarf einen MRT Scan oder bestimmte Bluttests anordnen – wieder ohne einen Anruf zu tätigen oder einen Stift zu benötigen.
Sobald im Jahr 2007 auch noch der digitale Arztausweis vom Gesetzgeber erlassen wird, werden auch alle Daten, die die Ärzte am PC erstellen, durch die Signatur des Arztes über den Ausweis beweissicher festgehalten und damit eine normale papiergebundene Akte unnötig gemacht.

Aus solch einem Szenario lassen sich auch gleich Vorteile gegenüber dem bis dato vorherrschenden auf Papier oder Telefon gebundenen System erkennen:

- ➢ Höhere Transparenz für Medizin Controller des Krankenhauses über die Ausgaben & die Einkünfte
- ➢ Große Arbeitsentlastung für den Arzt durch Ersparnis eines weiten Teils des Verwaltungsaufwands durch Papierbasierte Akten bzw. Diktate, die in Schriftform gebracht werden müssen
- ➢ Leichtes Erstellen von neuen Behandlungspfaden, die differenzierter auf jeweilige Krankheitsbilder angepasst werden können
- ➢ Gegenseitige Kontrolle der beteiligten Ärzte, da zu jederzeit jeder Arzt Zugriff auf die Behandlungsergebnisse, Tests & Schriftstücke hat und so bei möglichen Fehldiagnosen eines anderen Arztes einschreiten kann
- ➢ Langfristige Kosteneinsparungen durch geringeren Verwaltungsaufwand, geringere Lagerungskosten auf Grund des Unnötigwerdens von Papierakten, sowie Kosten auf Grund von Schadenersatzklagen wegen der gegenseitigen Supervision des Personals

(Paulussen et al, 2003)

8   Schlußfolgerung

Zusammenfassend lässt sich sagen, dass Multi - Agentensysteme ein hohes Potential haben das Prozessmanagement im Krankenhaus stark zum Positiven hin zu verändern. So lassen sich Arbeitsschritte, welche heute nur über mehrere Umwege durchgeführt werden, zeit- und kostensparend mit einem Durchgang realisieren.

Mit dem Wissen aus der Studie lässt sich die Aussage auch noch dahingehend erweitern, daß das Krankenhaus Schwabing bemüht ist neue Techniken zu nutzen und es gut möglich ist, dass mittelfristig alle Aspekte aus dem Bereich der Potentiale tatsächlich umgesetzt werden, wenn die ersten Pilotversuche positive Rückgabewerte liefern und die Krankenhausleitung Finanzmittel für die Investition in die Infrastruktur die benötigt wird [Laptops, Wlan, i.s.h.med Pathways Lizenzen für alle Nutzer], bereitstellt.

Moissej Sverdlin

München, im Juni 2006

9. *Literaturverzeichnis*

Aknine et al, Contribution of a Multi-agent Cooperation Model in a Hospital environment, 1999

Braubach et al, MedPAge: Rationale Agenten zur Patientensteuerung, erschienen in Künstliche Intelligenz Heft 02/2004, 2004

CORTE´S et al, UCTx: A Multi-Agent System to Assist a Transplant Coordination Unit, Applied Intelligence 20, 59–70, 2004

Cruz-Correia et al; Integration of hospital data using agent technologies – A case study, AI Communications 18 Seiten 191–200, 2005

Debenham, John; an Agent for Web-Based Process Management, 2001
Decker et al, Coordinated Hospital Patient Scheduling, 1998

Godo et al, A multi-agent system approach for monitoring the prescription of restricted use antibiotics, Artificial Intelligence in Medicine 27 (2003) 259–282, 2003

Hannebauer et al, Composable Agents for Patient Flow Control - Preliminary Concepts, 1999

Kirn et al, Agent.Hospital – Agentenbasiertes offenes Framework für klinische Anwendungen, 2003

Krizmaric et al , Time Allocation Simulation Model of Clean and Dirty Pathways in Hospital Environment, Proceedings of the 18th IEEE Symposium on Computer-Based Medical Systems (CBMS'05), 2005

Lanzola et al, A framework for building cooperative software agents in medical applications, Artificial Intelligence in Medicine 16 (1999) 223–249, 1999

Paulussen et al, Intelligente Softwareagenten und betriebswirtschaftliche Anwendungsszenarien im Gesundheitswesen, 2003

Paulussen et al, Dynamic Patient Scheduling in Hospitals, 2004

Shankararaman et al, Patient Care Management Using a Multi-Agent Approach, 2000

Valls et al, A multi-criteria decision aid agent applied to the selection of the best receiver in a transplant, 2002

Internetquellen

http://www.protocols.com/pbook/umts.htm zugegriffen am 2.7.2006 http://www.ishmed.de/de/html/modul-pathways.html zugegriffen am 2.7.2006

http://de.wikipedia.org/wiki/Versorgungsstufe zugegriffen am 3.7.2006
http://de.wikipedia.org/wiki/Prozessmanagement zugegriffen am 03.07.2006

http://www.wissen.de/wde/generator/wissen/ressorts/gesundheit/medizin/index,page=
1170548.html zugegriffen am 03.7.2006

Studie

Im Juni 2006 vom Autor, Moissej Sverdlin, durchgeführte Studie mit persönlichen
Interviews von Ärzten am Krankenhaus Schwabing